John B. Leuzarder

Um manual simples e completo,
com sugestivas ilustrações para ajudar os pais
no ensino de seus filhos sobre o evangelho de
Jesus Cristo.

| L654e | Leuzarder, John B.
O evangelho para crianças : um manual simples e completo... / John B. Leuzarder ; [ilustrações: Vanessa Alexandre]. – 2. ed. – São José dos Campos, SP : Fiel, 2018.

29 p.: il. color.
Tradução de: The gospel for children.
ISBN 9788581325248

1. Crianças – Formação – Aspectos religiosos – Cristianismo. 2. Educação cristã de crianças. I. Título.

CDD: 248.845 |

Catalogação na publicação: Mariana C. de Melo Pedrosa – CRB07/6477

O EVANGELHO PARA CRIANÇAS

Traduzido do original em inglês:
THE GOSPEL FOR CHILDREN
Copyright © John B. Leuzarder

Primeira edição: 1998
Segunda edição: 2018

Todos os direitos em língua portuguesa reservados por Editora Fiel da Missão Evangélica Literária

Proibida a reprodução deste livro por quaisquer meios, sem a permissão escrita dos editores, salvo em breves citações, com indicação da fonte.

Diretor: Tiago J. Santos Filho
Editor-chefe: Vinicius Musselman
Editora: Renata do Espírito Santo T. Cavalcanti
Coordenação Gráfica: Gisele Lemes
Revisão: Renata do Espírito Santo T. Cavalcanti
Diagramação: Wirley Corrêa - Layout
Capa: Wirley Corrêa - Layout
Ilustrações: Vanessa Alexandre
ISBN: 978-85-8132-524-8

Caixa Postal 1601
CEP: 12230-971
São José dos Campos, SP
PABX: (12) 3919-9999
www.editorafiel.com.br

Prefácio 5

Como Usar Este Livro 6

Deus 9

A Bíblia 13

O Pecado 15

Jesus 19

Arrependimento e Fé 23

Considerando o Preço 25

O que Fazer Agora? 27

Abreviaturas 29

PREFÁCIO

Este livro foi preparado para auxiliar os pais no ensino da mensagem mais importante que seus filhos poderão ouvir: o evangelho de Jesus Cristo. O livro surgiu para ajudar minha filha de 6 anos de idade: após um sermão encorajando a responsabilidade paterna, fui impelido a pedir a Noel que descrevesse "o evangelho". Eu achava que o nosso tempo devocional familiar, as histórias bíblicas e a escola dominical tivessem-na preparado para responder ao meu pedido. Porém, para minha surpresa, ela havia compreendido pouco do que se tratava o evangelho. Então comecei a trabalhar em um livro que, de um modo completo, interessante, bíblico e fácil de entender, apresentasse o evangelho às crianças. Em poucas semanas, depois de terminado o livro, Noel foi capaz de aprender as verdades básicas e se divertir fazendo isso.

Gostaria de agradecer aos queridos que me ajudaram, encorajaram e oraram por mim, enquanto me esforçava para comunicar essas verdades preciosas em uma linguagem que as crianças pudessem compreender bem. Particularmente, gostaria de mencionar o pastor David Jonhston, cujo sermão estimulou a ideia de *O Evangelho para Crianças*; J. I. Packer, cujo livro "Evangelismo e Soberania de Deus" foi usado como esboço básico para o desenvolvimento de meu trabalho, e Patty Schuessler, por sua preciosa ajuda e criatividade no preparo do manuscrito.

Compartilhamos este livro com você, agradecendo ao nosso bendito Salvador pela capacitação e privilégio de preparar esta obra para sua honra e glória.

COMO USAR ESTE LIVRO

Este livro é recomendado para ensinar o evangelho de Jesus Cristo a crianças de qualquer idade. Ele é apresentado de maneira simples e consiste em seis capítulos principais:

1. DEUS
2. A BÍBLIA
3. O PECADO
4. JESUS
5. ARREPENDIMENTO E FÉ
6. CONSIDERANDO O PREÇO

Em cada um dos capítulos há, em letras grandes e destacadas, várias declarações doutrinárias concernentes ao assunto daquele capítulo; nós as chamaremos de "pontos do esboço".

EXEMPLO:

Ninguém é tão grande como Deus[1]

- Deus é todo-poderoso[2] e sabe todas as coisas.[3]
- Deus sempre existiu e sempre existirá.[4]
- Ele é perfeito e nunca cometeu enganos ou fez algo errado.[5]

Com ajuda da ilustração que acompanha cada um dos pontos do esboço, em pouco tempo, seu filho poderá aprender todo o esboço básico do evangelho. Sugerimos que você ensine cada um dos seis capítulos, um por vez, até que seu filho o tenha realmente aprendido. Ao final do livro, existem ilustrações destinadas a auxiliar na memorização; elas devem ser usadas como testes divertidos e desafiantes que ajudarão seu filho a lembrar-se do ponto correspondente.

Uma vez que a criança tenha aprendido todos os pontos, em letras grandes e destacadas, você poderá utilizar o livro novamente e introduzir as doutrinas suplementares, mencionadas abaixo de cada ponto do esboço (o texto em letras menores com um ponto à esquerda). Essas doutrinas suplementares enriquecerão e completarão cada ponto do esboço à medida que a compreensão de seu filho aumentar. Elas devem ser entendidas e não memorizadas; aliás, seria muito útil explicar essas informações com suas próprias palavras.

Tenha certeza de que, ao usar este livro continuamente com seu filho, ele ou ela crescerá na compreensão do evangelho e ganhará uma visão fundamental do que a Bíblia ensina; e o melhor é que isso será algo divertido e envolvente. Embora algumas palavras sejam difíceis para crianças mais novas, você será encorajado a ver quão rápido elas podem assimilar significados que lhes são paciente e repetidamente ensinados.

Que Deus abençoe ricamente o seu esforço.

> Os números ao lado das palavras (por exemplo: Deus[1]) referem-se aos textos bíblicos ao final de cada página. Portanto, sugerimos que os pais leiam os textos bíblicos indicados pelas referências, os quais são fundamentos às doutrinas bíblicas mencionadas em cada lição.

DEUS

Ninguém é tão grande como Deus[1]

- Deus é todo-poderoso[2] e sabe todas as coisas.[3]
- Deus sempre existiu e sempre existirá.[4]
- Ele é perfeito e nunca cometeu enganos ou fez algo errado.[5]

Deus criou todas as coisas[6]

- Em 6 dias Deus criou o universo e tudo que há nele: desde o menor germe até a mais alta montanha.[7]
- Tudo foi criado por Deus para sua glória.[8]

- [1] Rm 11.33-36; Sl 89.5-8; Sl 147.4-5; Sl 8 • [2] Sl 76.4-12; Dn 4.35; Jó 38.4-6; Lc 1.37
- [3] Sl 139.1-4; Hb 4.13 • [4] Sl 90.2; Jr 10.10; 1Tm 1.17 • [5] Mt 5.48; Dt 32.4 • [6] Ne 9.6; Gn 1.1, 2.3; Cl 1.16; Sl 89.11 • [7] Gn 1.1-2.3; Hb 11.3 • [8] Ap 4.11; Is 43.6-7

Deus controla todas as coisas a cada dia[9]

- Nada é tão pequeno ou insignificante para que ele não repare.[10]
- Ele faz acontecer as de que gostamos e as de que não gostamos também.[11]
- Ele nos dá alimento, roupas, casa e outras coisas de que necessitamos.[12]
- Nós dependemos dele para que nosso coração continue batendo, para que o sol apareça a cada manhã e para tomar conta de tudo mais em nossas vidas.[13]

- [9]Pv 16.9; Ef 1.11; Sl 139; Is 46.10 • [10]Mt 10.29-30; Lc 12.6-7 • [11]Sl 71.19-21; 1Pe 1.3-9; Jó 1.21 • [12]Sl 145.15-16; Sl 136.25; At 14.17 • [13]Cl 1.17; At 17.28; Mt 5.45; Dn 2.21

Deus criou cada um de nós[14]

- Ele decidiu quem seriam os nossos pais e onde nasceríamos.[15]
- Deus nos deu almas que não podem morrer.[16]

Nós pertencemos a Deus[17]

- Deus nos possui.[18]
- Ele deseja que nós vivamos para sua glória e vontade.[19]

Visto que fomos criados por Deus, ele nos manda *obedecer-lhe*[20]

- Precisamos aprender a obedecer aos seus ensinos.[21]
- Devemos amá-lo com todo o nosso coração, mente e espírito, e amar o nosso próximo como a nós mesmos.[22]

---

[14]Is 43.6-7; Sl 139.13; Sl 146.6 • [15]At 17.26-27 • [16]Ec 12.7; Ap 6.9-11 • [17]Ez 18.4; Dt. 10.14 • [18]Ez 18.4 • [19]Mt 7.21; Is 43.7; 1Co 10.31 • [20]Lv 18.4; Jo 15.10; Ef 5.1-6 • [21]Dt 6.4-7; Jo 14.23-24; Jo 15.10 • [22]Mc 12.30-31

Ele nos manda *adorá-lo*[23]

- Conversando com ele diariamente através da oração.[24]
- Vivendo vidas puras e retas diante dele.[25]
- Louvando-o com palavras e canções.[26]
- Reunindo-nos com outros cristãos para louvá-lo e adorá-lo.[27]

Ele nos manda *servi-lo*[28]

- Fazendo nossas tarefas alegremente, com cuidado e rapidez.[29]

Ele nos manda *glorificá-lo*[30]

- Falando aos outros o que ele fez por nós.[31]
- Trazendo-lhe honra através de nossas vidas, para que os outros possam ver que amamos e obedecemos a Deus em tudo o que fazemos.[32]

- [23]Sl 100; Mt 4.10; Rm 12.1; Jo 4.24 • [24]Sl 100; Sl 105.2 • [25]2Co 7.1; Mt 5.8; Rm 12.1 • [26]Sl 105.1-3 • [27]Hb 10.25; Cl 3.15-17 • [28]Dt 11.13; Ef 6.7; 1Pe 4.10 • [29]2Co 9.7; Cl 3.23-24 • [30]Sl 105; Jo 15.8; Is 43.7 • [31]Lc 8.39; Sl 105.1-2 • [32]1Pe 4.11; Mt 5.16

A BÍBLIA

A Bíblia é o meio pelo qual Deus fala conosco[33]

- É a palaura do próprio Deus escrita por homens santos, escolhidos por Deus e ensinados pelo Espírito Santo.[34]

A Bíblia diz como o homem se rebelou contra Deus[35] e como Deus enviou seu Filho para salvar pecadores perdidos[36]

- Para salvar-nos das terríveis consequências dessa rebelião e do dia da ira e do juízo de Deus.[37]

---

[33]2Tm 3.16-17; 2Pe 1.19-21 • [34]2Pe 1.21; 1Co 2.13 • [35]1Co 10.1-12; • [36]Jo 3.16; 1Tm 1.15; Lc 19.10 • [37]Rm 5.9-10; Mt 25.31-46

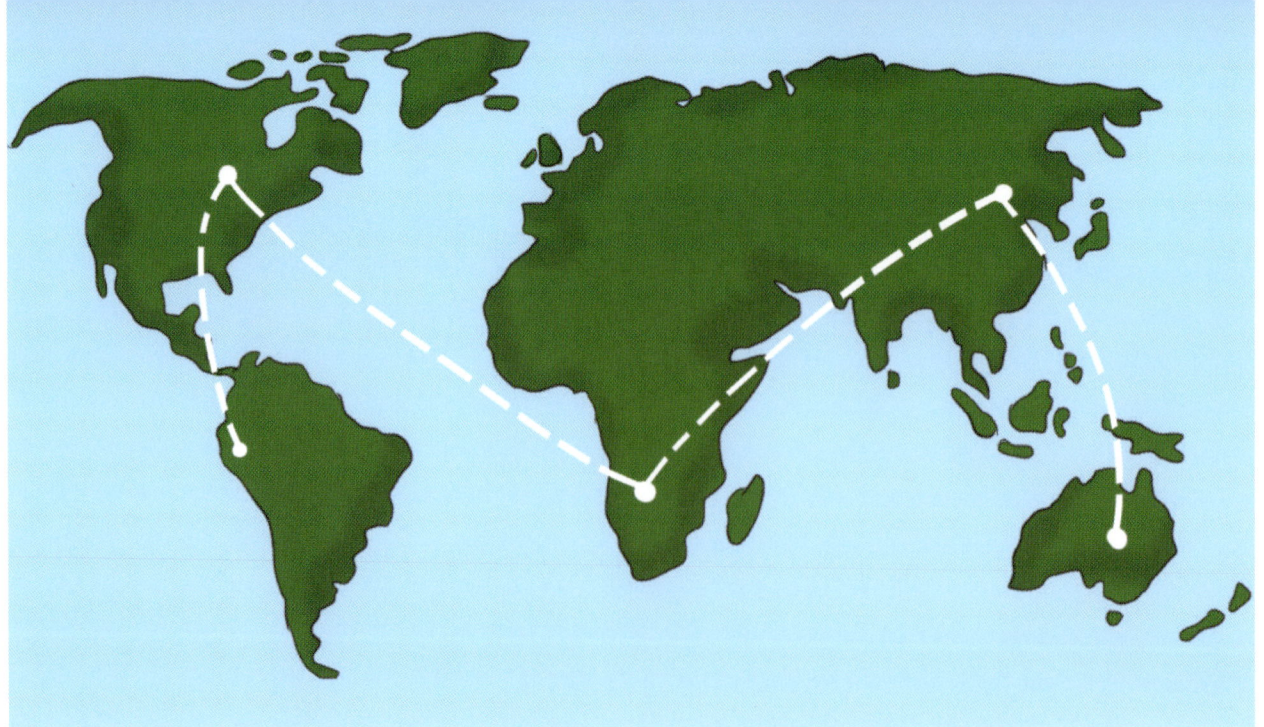

A Bíblia é o verdadeiro guia para o céu[38]

- É a verdade e a sabedoria. [39]
- Nunca se contradiz.[40]
- Contém tudo de que precisamos para a vida e a santificação.[41]

A Bíblia nos ensina como viver para agradar a Deus[42]

- Ensina-nos o que é o pecado, bem como as atitudes e comportamentos que honram a Deus.[43]
- Para aprendermos como viver para Deus e resistir ao diabo, devemos ler e meditar diariamente nos ensinos da Bíblia.[44]

- [38]Sl 19.7-11; Jo 5.24; Ef 1.13; 2Tm 3.15-16 • [39]Jo 17.17; Ef 1.13; Cl 2.2-3 • [40]2Sm 22.31; Tg 1.25 • [41]2Pe 1.3; 2Tm 3.16-17 • [42] 2Tm 3.16-17; Ef 1.13-14 • [43]Gl 5.19-21; Ef-4.17-5.21 • [44]Cl 3.16; Ef 6.10-18; Sl 1

O PECADO

Pecado é viver para agradar a si mesmo[45] e não a Deus[46]

- Pecamos quando não vivemos de acordo com a vontade moral de Deus para as nossas vidas.[47]
- Pecado inclui as coisas que pensamos, dizemos ou fazemos e também as coisas que deveríamos fazer e não fazemos.[48]

Deus fica irado quando não fazemos tudo o que ele nos manda[49]

- Desde que Adão e Eva pecaram, todos nascemos com uma natureza pecaminosa. Isso significa que, ao invés de escolhermos servir a Deus, preferimos as coisas que nos agradam.[50]
- Deus odeia o orgulho, o egoísmo e a ingratidão.[51]
- O pecado traz a justiça e o castigo da parte de Deus.[52]

- [45]Rm 2.8; Ef 2.3; 2Tm 3.1-5; • [46]1Jo 2.15-16 • [47]Mt 7.21; Lc 7.30 • [48]Mt 5.21-22; Lc 11.42; Rm 14.22-23; Pv 15.26 • [49]Rm 1.18; Sl 5.4-6; Tg 2.10 • [50]Rm 5.12; Ef 2.3 • [51]Pv 8.13; Pv 16.5 • [52]Is 13.9-13; Ef 2.3

Todos pecaram e não podem satisfazer as exigências de Deus para entrar no céu[53]

- O pecado nos separa de Deus e nos torna seus inimigos.[54]

Deus é um juiz justo e severo[55]

- Ele conhece os nossos pensamentos e segredos; não podemos esconder dele nada do que fazemos.[56]
- Deus nunca esquece.[57]
- Ele julgará cada pessoa de acordo com o seu pecado.[58]

- [53]Rm 5.12; 1 Jo 1.8-10; Gl 3.22; Rm 3.10-12; Is 53.6 • [54]Is 59.2 • [55]Sl 7.11; Rm 2.5-6; Sl 96.10 • [56]Hb 4.13 • [57]Hb 6.10 • [58]Dt 24.16; At 17.30-31; Rm 2.2.5-6

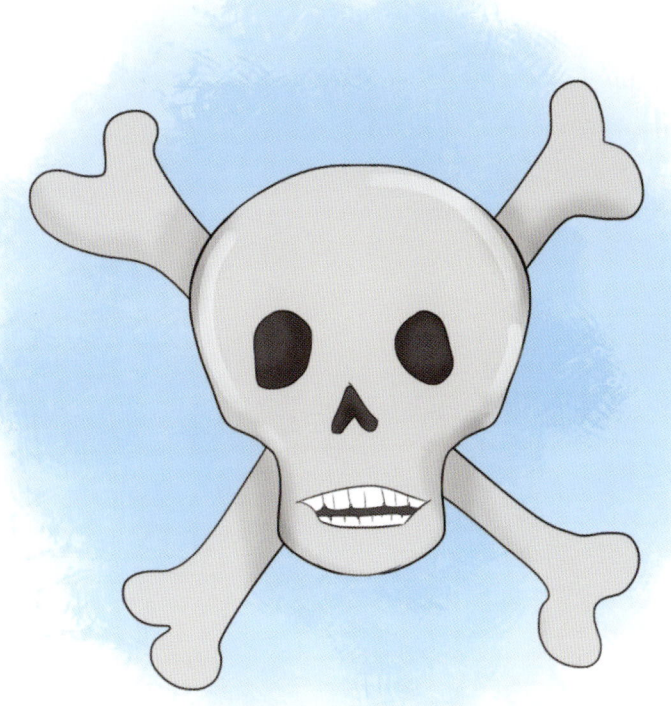

O castigo de Deus para o nosso pecado é a morte...[59]

- Todas as pessoas morrem.[60]

e o sofrimento eterno no fogo do inferno[61]

- O inferno é o lugar para onde Deus manda as pessoas perdidas.[62]
- No inferno, as pessoas experimentarão sofrimentos terríveis, escuridão, desespero e solidão para sempre e sempre.[63]
- O inferno nos separa de tudo o que é bom e agradável.[64]

Nota: Pais, por favor, ensinem a seus filhos que não existe uma figura que demonstre adequadamente os verdadeiros horrores e tormentos do inferno.

- [59]Rm 5.12; Ez 18.20; Gn 2.16-17 • [60]Sl 89.48; Rm 5.12 • [61]Mc 9.47-49; 2Ts 1.8-9
- [62]Is 66.23-24; Mt 25.41 • [63]Lc 16.24; Ap 20.10; 2Pe 2.17 • [64]Lc 16.26; 2Ts 1.9

Somos incapazes de pagar a Deus por nossos pecados[65]

- Não importa o que façamos, somos incapazes de salvar a nós mesmos.[66]
- Deus é dono de tudo o que possuímos: nada temos para oferecer-lhe.[67]

A *boa notícia* é que Deus nos oferece um caminho para sermos salvos[68]

- Evangelho significa "boas-novas".[69]
- Em sua misericórdia, Deus providenciou o perdão completo e a salvação do inferno para aqueles que creem que ele é perfeitamente justo em sua conduta.[70]

Se aceitarmos a sua oferta, iremos para o céu um dia[71]

- Deus se oferece para resgatar-nos.[72]
- O céu é cheio de alegria, beleza, conforto, paz e amor. Lá não existe pecado, solidão ou tristeza.[73]
- Nem mesmo as coisas mais bonitas do mundo podem ser comparadas à beleza e ao esplendor do céu.[74]
- Estaremos com o nosso Deus amado em nosso novo corpo, perfeito, sem doenças, fome ou dores.[75]

- [65]Rm 11.35-36; Tt 3.5 • [66]Ef 2.1-3; Lc 19.10 • [67]Ne 9.6; Ez 18.4 • [68]Rm 5.8-11; Is 55.6-7; Ez 18. 30-31 • [69]Mc 1.14-15; Ef 1.13 • [70]Rm 1.16-17 • [71]Jo 3.15-16; Fp 3.20-21 • [72]Gl 1.3-4 • [73]Ap. 21.1-4; Ap 21.15-27 • [74]Ap 21.15-27 • [75]Ap 21.1-4

JESUS

Jesus é o amado Filho de Deus[76]

- Por ele e para ele, foram criadas todas as coisas.[77]
- Jesus é totalmente homem e totalmente Deus.[78]

Jesus veio ao mundo para morrer pelos pecadores e salvá-los do inferno[79]

- Deus exige que o pecado seja pago com derramamento de sangue.[80]

- [76]Mt 3.17; Cl 2.9-10; Gl 4.4 • [77]Cl 1.15-17 • [78]Gl 4.4; Hb 2.14 • [79]Gl 1.3-4; Rm 5.8; 1Tm 1.15; Jo 6.38-40 • [80]Hb 9.22

Jesus foi homem como nós[81]

- Ele teve ossos e pele como nós.[82]
- Ele sentiu as coisas boas e más que nós sentimos.[83]
- Ele entende o que nos entristece e o que nos alegra.[84]
- Sua mãe foi Maria; José cuidou de Jesus como se fosse pai dele; porém, o verdadeiro pai de Jesus é Deus.[85]

Embora tenha sido tentado como nós, ele *nunca* pecou[86]

- Jesus guardou perfeitamente toda a lei de Deus.[87]
- Ele viveu toda a sua vida amando a Deus, honrando seus pais, obedecendo às autoridades, sendo gentil, falando a verdade e servindo humildemente aos outros.[88]
- Ele nunca pecou em pensamento, palavra, ação ou por omissão.[89]

Jesus espontaneamente tomou sobre si o castigo que merecíamos pelos nossos pecados[90]

- Ele fez isso sem levar em conta o amor daqueles que confiariam nele.[91]
- Deus colocou sobre o seu Filho inocente os pecados daqueles que creriam.[92]
- Ele sofreu, sangrou e morreu no lugar de todos aqueles que creriam e confiariam nele.[93]
- O castigo que ele recebeu foi horrível; incluiu ser insultado, envergonhado, surrado, cuspido, coroado com espinhos e zombado. Ele sofreu uma agonizante morte na cruz.[94]

- [81]Hb 2.14; Lc 24.39 • [82]Lc 24.39 • [83]Hb 4.15 • [84]Is 53.2-9 • [85]Mt 1.18 • [86]Hb 4.15; Hb 2.18; 2Co 5.21 • [87]Rm 5.19; 2Co 5.21; Hb 7.26 • [88]Hb 7.26 • [89]1Pe 2.22-23 • [90]Jo 10.17-18; 1Pe 2.24; Is 53.5-6 • [91]Jo 3.16; 1Jo 3.16, 4.10 • [92]Is 53.6; 1Jo 4.10; Is 53.10-11; Rm 4.25 • [93]Hb 2.9-10; 1Jo 4.10 • [94]Mt 26.57; Mc 14.64-65, 15.1-41

Toda ira e castigo que Deus tinha para os pecados daqueles que creem foi lançado sobre Jesus[95]

- A morte de Jesus satisfez completamente a justiça de Deus.[96]
- Deus não tem mais nada contra aquele que crê em seu Filho. Mediante a fé em Jesus, nossa dívida para com Deus foi totalmente paga e nossos pecados, completamente perdoados.[97]
- Deus também creditou, no céu, a nosso favor, a vida perfeita de Jesus.[98]
- Os pecados passados, presentes e futuros daqueles que creem estão perdoados, e fomos adotados na família de Deus como filhos amados.[99]

Jesus ressuscitou dos mortos[100]

- Ele morreu na cruz em uma sexta-feira e foi colocado em um sepulcro. No domingo, ele saiu vivo do sepulcro, em um corpo novo e perfeito.[101]
- Ele não morrerá nunca mais.[102]
- Mais de 500 pessoas viram Jesus ressuscitado.[103]
- A ressurreição dele provou que Deus aceitou o seu perfeito sacrifício na cruz em nosso favor.[104]

- [95]Is 53.10-11; Rm 8.3 • [96]Rm 3.25-26; Hb 10.17.18 • [97]Rm 5.8-11; Hb 10.17-18
- [98]Rm 3.21-24, 5.17 • [99]1Jo 3.1; Ef 5.1-2 • [100]1Co 15.3-4; Lc 24.46-47 • [101]Lc 24.1-8
- [102]Rm 6.9-10 • [103]1Co 15.3-7 • [104]Hb 1.8-9; Ef 1.20-23; Rm 4.25

Jesus subiu ao céu[105]

- Jesus foi ao céu para estar com Deus, seu Pai.[106]
- Ele agora está sentado em seu trono como Rei dos reis.[107]
- Ele está vivo hoje, trabalhando para que aqueles que o amam sejam levados ao céu e fiquem com ele para sempre.[108]
- Satanás foi derrotado e logo será destruído para sempre.[109]

Jesus voltará em breve[110]

- Algum dia, talvez dentro de pouco tempo, aqueles que amam Jesus receberão, num piscar de olhos, novos corpos e subirão para encontrá-lo nas nuvens quando ele retornar.[111]
- Ele levará aqueles que o amam para o céu e trará um terrível castigo sobre as pessoas que o rejeitaram como Senhor e Rei.[112]
- Este mundo será consumido em fogo e serão criados um novo céu e uma nova terra, onde não haverá qualquer pecado ou dor.[113]

- [105]At 1.9; Lc 24.50-51 • [106]Hb 1.3; Ef 1.20-21 • [107]Ap 17.14; Ef 1.21-22; Fp 2.9-11
- [108]Hb 7.24-25; Jo 14.1-3 • [109]Rm 16.20; 1Jo 3.8, 5.18 • [110]Ap 22.12; At 1.11
- [111]1Co 15.51-52; 1Ts 4.16-17 • [112]Mt 25.31-46 • [113]2Pe 3.10-13

ARREPENDIMENTO E FÉ

O perdão que Deus nos oferece é recebido por meio de arrependimento[114] e fé[115]

- Essa oferta de perdão é conhecida como salvação[116] e redenção.[117]

Arrependimento significa virar as costas para a nossa vida egoísta e pecaminosa[118]

- Arrependimento significa sentir-se completamente desolado por ofender nosso Deus, santo, bom e amoroso.[119]
- Logo que reconhecemos os nossos pecados, precisamos confessá-los a Deus em oração e decidir, através da graça de Deus, não cometê-los novamente.[120]
- Deus nos capacitará a escapar do controle que o pecado exerce sobre nossas vidas.[121]
- Deus é muito paciente, fiel e bondoso.[122]

- [114]At 17.30 • [115]Rm 3.22-24 • [116]Rm 1.16 • [117]Ef 1.7 • [118]Ez 18.21-22; At 3.19; Is 55.6-7
- [119]2Co 7.10 • [120]1Jo 1.9; At 3.19 • [121]2Pe 1.3-4 • [122]Mt 11.28-30

Fé significa crer e descansar somente no Senhor Jesus Cristo[123]

- Precisamos crer que ele é quem a Bíblia diz que é.[124]
- É necessário crermos que ele fará o que a Bíblia diz que fará.[125]

Temos de aprender a colocar toda a nossa confiança em Jesus[126]

- O perdão de Deus não é merecido e não pode ser herdado ou comprado.[127]
- Não podemos confiar em nós mesmos ou naquilo que fazemos para obtermos aceitação da parte de Deus.[128]
- Através da confiança somente em Jesus, somos adotados como filhos amados,[129] e Deus, o Espírito Santo, nos guiará no caminho estreito que conduz ao céu.[130]

- [123]Hb 11.6; Jo 3.36 • [124]Gl 4.4-5; Cl 1.15-20 • [125]Jo 5.24, 6.38-40, 14.1-3, 20.31 • [126]Rm 8.1-2; Jo 14.1-3; Jd 24 • [127]Ef 2.8-9; Is 55.1-3 • [128]2Tm 1.9; Ef 2.1-3 • [129]1Jo 3.1; Rm 8.16-17 • [130]Mt 7.13-14; Rm 8.13-14; Gl 5.16

CONSIDERANDO O PREÇO

Antes de seguirmos Jesus, devemos considerar o preço[131]

- Jesus não quer discípulos que não estejam dispostos a segui-lo com todo o seu coração.[132]
- Precisamos entregar a Deus o controle total de nossas vidas e viver de acordo com a sua vontade revelada na Bíblia.[133]
- Devemos ser batizados em nome de Jesus Cristo.[134]
- Não devemos imitar procedimentos contrários a Deus a fim de agradarmos os outros.[135]
- Jesus tem de ser a prioridade número 1 de nossas vidas e o centro de todas as nossas afeições, estando acima de todas as outras coisas.[136]
- Precisamos estar dispostos a segui-lo até o fim de nossas vidas.[137]

- [131]Lc 14.25-33; 1Pe 4.18 • [132]Mc 12.29-30; Lc 9.62 • [133]Mt 7.21; 1Co 6.19-20; Rm 12.1-2
- [134]At 2.38 • [135]Ef 5.1-7; 1Jo 2.15-17; Pv 1.8-19 • [136]Ap 2.1-5; Jo 14.23-24; Mt 22.37-40
- [137]Cl 1.22-23; Hb 10.36; Mt 10.22

Seremos perseguidos[138]

- Por causa de sua fé, os crentes serão perseguidos neste mundo, mas Deus promete nunca deixá-los e jamais prová-los acima daquilo que podem suportar.[139]
- Muitas pessoas acharão você estranho por não seguir seus caminhos pecaminosos. Quando as pessoas o insultarem, você deve estar preparado para oferecer-lhes a outra face.[140]

Aqueles que seguirem Jesus terão uma vida abundante e feliz neste mundo e desfrutarão as indescritíveis maravilhas do céu na vida futura[141]

- A esperança do cristão está no céu, não neste mundo, mas Jesus também diz que a nossa vida aqui será abundante e cheia de alegrias.[142]
- A paz interior e o gozo nesta vida[143], assim como as recompensas do céu, superarão todas as dificuldades que o cristão enfrenta.[144]

[138]Mt 5.10-12; 1Pe 4.12-16 • [139]Hb 13.5-6; 1Co 10.13 • [140]Lc 6.22-23, 6.27-31 • [141]Jo 10.10 • [142]Mt 19.29; Rm 14.17; 1Pe 1.3-9; Jd 24 • [143]Gl 5.22-23; 1Pe 1.8-9; Rm 5.1-2, 8.28 • [144]Jd 24-25; Jo 14.1-3; Rm 8.16-17; 1Pe 1.3-9

O QUE FAZER AGORA?

Fazer que nossos filhos recebam verdadeiramente Jesus Cristo como Salvador, baseados em um conhecimento claro da mensagem do evangelho, é a maior preocupação de todo pai cristão. Jesus disse: "Deixai os pequeninos, não os embaraceis de vir a mim, porque dos tais é o reino de Deus" (Mt 19.14).

Ao mesmo tempo, precisamos reconhecer que podemos sutilmente influenciá-los ou mesmo pressioná-los a fazerem "uma decisão" de seguir Cristo, fundamentados na tentativa de agradar os homens e não a Deus. A consequência disso é séria e, com o tempo, trará mágoas para todos os envolvidos. Por essa razão, sugiro que, após termos ensinado o evangelho à criança, como pais, devemos gentil e cuidadosamente deixá-la ciente de que, se desejar conhecer mais sobre a salvação, sempre ficaremos felizes em ajudá-la. Como pais, nossa responsabilidade é encorajar nossos filhos a virem a Jesus enquanto ainda são crianças. Entretanto, a salvação pertence ao Senhor e devemos aguardar pacientemente pelo tempo de Deus. Se, porventura, seu filho mostrar verdadeiro interesse pelas coisas de Deus e demonstrar, em sua vida, evidências da graça transformadora, através da convicção e do arrependimento de pecado, através do amor por Cristo, através de um desejo de viver para agradar a Deus e da vontade de seguir fielmente a Cristo, apesar do preço, então alegre-se! Seu filho provavelmente foi salvo.

Se isso for verdade, como nova criatura, ele será capacitado pelo Santo Espírito a viver de um modo que dê mais e mais prazer a Deus. Encoraje-o e ore com ele para que Deus o faça crescer na fé, no amor, no entendimento, na santidade e na obediência à vontade dele revelada na Bíblia.

Para maiores informações sobre este assunto, sugiro que você adquira um livro muito útil intitulado "Pastoreando o Coração da Criança", escrito por Tedd Tripp, essencial para os pais, pastores, líderes de jovens e qualquer pessoa interessada em que nossas crianças andem com Deus. O seu alvo primário é preparar o coração da criança para amar e confiar em nosso Salvador.

ABREVIATURAS

Antigo Testamento

Gn = Gênesis

Lv = Levítico

Dt = Deuteronômio

2Sm = Segundo Samuel

Ne = Neemias

Jó = Jó

Sl = Salmos

Pv = Provérbios

Ec = Eclesiastes

Is = Isaías

Jr = Jeremias

Ez = Ezequiel

Dn = Daniel

Novo Testamento

Mt = Mateus

Mc = Marcos

Lc = Lucas

Jo = João

At = Atos

Rm = Romanos

1Co = Primeira Coríntios

2Co = Segunda Coríntios

Gl = Gálatas

Ef = Efésios

Fp = Filipenses

Cl = Colossenses

1Ts = Primeira Tessalonicenses

2Ts = Segunda Tessalonicenses

1Tm = Primeira Timóteo

2Tm = Segunda Timóteo

Tt = Tito

Hb = Hebreus

Tg = Tiago

1Pe = Primeira Pedro

2Pe = Segunda Pedro

1Jo = Primeira João

Jd = Judas

Ap = Apocalipse

AUXÍLIO À MEMORIZAÇÃO

   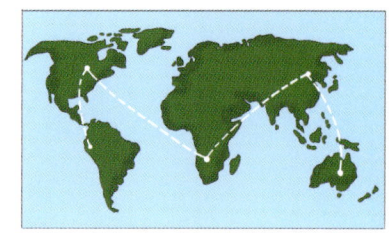

 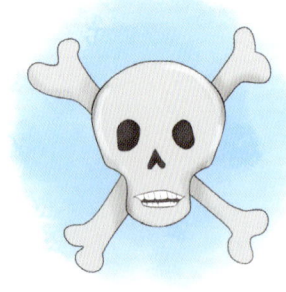  

MATERIAL EXTRA

Pensando em facilitar a memorização dos ensinamentos bíblicos transmitidos neste livro, disponibilizamos, para impressão, todas as ilustrações referentes aos pontos do esboço, em tamanho A4, como uma ferramenta extra de aprendizagem. Siga o passo a passo abaixo para fazer o download das ilustrações em seu computador.

1. Acesse o link ministeriofiel.com.br/cartaovip
2. Informe o código **IMGEPCPT** no campo Código de Download
3. Preencha seus dados (nome e e-mail) e clique em Baixar
4. Clique em Baixar novamente e o download será iniciado

LEITURAS RECOMENDADAS

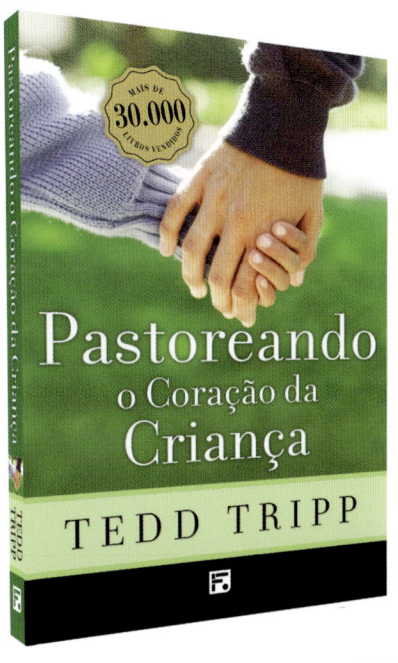

Pastoreando o Coração da Criança é uma obra sobre como falar ao coração de nossos filhos. As coisas que seu filho diz e faz brotam do coração. Lucas 6.45 afirma isso com as seguintes palavras: "A boca fala do que está cheio o coração". Escrito para pais que têm filhos de qualquer idade, este livro esclarecedor fornece perspectivas e procedimentos para o pastoreio do coração da criança nos caminhos da vida.

As autoras Elyze Fitzpatrick e Jessica Thompson, mãe e filha, afirmam que muitas maneiras pelas quais tentamos tornar nossos filhos obedientes são simplesmente uma extensão da Lei - um conjunto de regras que é impotente para mudar, muito menos salvar, nossas crianças.

Regras não são a resposta. Seu filho precisa de graça. Devemos contar-lhes sobre o Deus que dá graça e que espontaneamente adota rebeldes e os transforma em filhos amorosos. Se essa não é a mensagem que estão ouvindo, se você está apenas dizendo seja um bom menino, então o evangelho precisa transformar a forma como você cria seus filhos.

O Ministério Fiel visa apoiar a igreja de Deus, fornecendo conteúdo fiel às Escrituras através de conferências, cursos teológicos, literatura, Ministério Apoie um Pastor e conteúdo online gratuito.

Disponibilizamos em nosso site centenas de recursos, como vídeos de pregações e conferências, artigos, e-books, audiolivros, blog e muito mais. Lá também é possível assinar nosso informativo e se tornar parte da comunidade Fiel, recebendo acesso a esses e outros materiais, além de promoções exclusivas.

Visite nosso website

www.ministeriofiel.com.br

e faça parte da comunidade Fiel